A B C.

SAINT-NICOLAS, *priez pour nous.*

MONTBÉLIARD,
IMPRIMERIE DE TH.-FRÉD. DECKHERR.

Adorez Jésus-Christ crucifié.

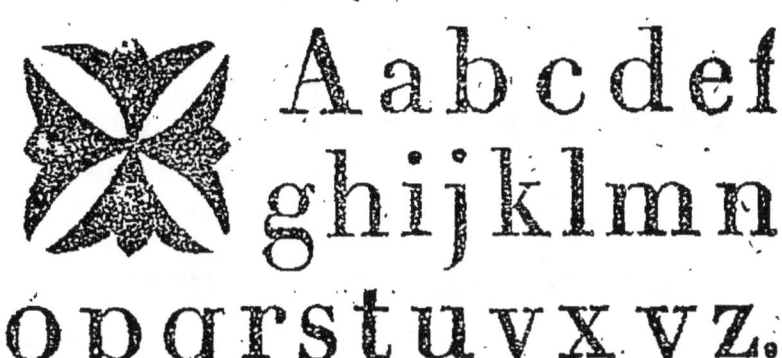
A a b c d e f g h i j k l m n o p q r s t u v x y z.

Lettres Capitales Romaines.

† A B C D E F G H I J K L M N O P Q R S T U V X Y Z.

Lettres courantes Italiques.

† *A a b c d e f g h i j k l m n o p q r s t u v x y z.*

On appelle (j) *gi*, (v) *vé.*

Lettres liées ensemble.

fi ff ffi fl ffl æ œ w.

Les cinq voyelles.

a, e, i, o, u. *L'y n'est autre chose que deux i.*

Les dix-neuf Consonnes.

b c d f g h j k l m n p q r s t v x z

Syllabe, est un amas de lettres, qui forment un son. Toutes les dix-neuf consonnes ne font aucun son, sans le secours d'une voyelle.

Syllabes de deux Lettres.

Ba	be	bi	bo	bu.
Ca	ce	ci	co	cu.
Da	de	di	do	du.
Fa	fe	fi	fo	fu.
Ga	ge	gi	go	gu.
Ha	he	hi	ho	hu.
Ja	je	ji	jo	ju.
La	le	li	lo	lu.
Ma	me	mi	mo	mu.
Na	ne	ni	no	nu.
Pa	pe	pi	po	pu.
Ra	re	ri	ro	ru.
Sa	se	si	so	su.
Ta	te	ti	to	tu.
Va	ve	vi	vo	vu.
Xa	xe	xi	xo	xu.
Za	ze	zi	zo	zu.

L'Oraison dominicale.

Notre Père qui êtes aux Cieux. Votre nom soit sanctifié. Votre Royaume nous arrive. Votre volonté soit faite en la Terre comme au Ciel. Donnez-nous aujourd'hui notre pain de chaque jour. Et pardonnez-nous nos offenses, comme nous les pardonnons à ceux qui nous ont offensés. Et ne nous laissez pas succomber à la tentation. Mais délivrez-nous du mal. Ainsi soit-il.

La Salutation Angélique.

Je vous salue, Marie pleine de grâces, le Seigneur est avec vous. Vous êtes bénie sur toutes les femmes, et béni est JÉSUS, le fruit de votre ventre. Sainte Marie, Mère de Dieu, priez pour nous, pauvres pécheurs, maintenant et à l'heure de notre mort. Ainsi soit-il.

Le Symbole des Apôtres.

JE crois en Dieu le Père tout-puissant, Créateur du Ciel et de la Terre; et en Jésus-Christ son Fils unique, Notre Seigneur; qui a été conçu du S. Esprit; né de la Vierge Marie; qui a souffert sous Ponce Pilate; été crucifié, mort et enseveli; est descendu aux enfers, et le troisième jour est ressuscité des morts; est monté aux Cieux; est assis à la droite de Dieu le Père tout-puissant; de là il viendra juger les vivants et les morts.

Je crois au Saint-Esprit. la sainte Eglise Catholique, la communion des Saints, la rémission des péchés, la résurrection de la chair, et la vie éternelle. Ainsi soit-il.

Que la sainte Vierge, les saints Anges et tous les saints intercèdent pour nous auprès de notre Seigneur Jésus-Christ.

Que le Seigneur tout-puissant dirige nos actions et les rende conformes à sa sainte volonté; qu'il nous préserve de tout mal, qu'il nous conduise à la vie éternelle, et que par sa miséricorde, les ames des fidèles trépassés reposent en paix. Ainsi soit-il.

La Confession des péchés.

JE me confesse à Dieu tout-puissant, à la Bienheureuse Vierge Marie, à saint Michel Archange, à St. Jean-Baptiste, à St. Pierre et Saint Paul, à tous les Saints, et à vous, mon Père, de tous les péchés que j'ai commis en pensées, paroles et œuvres; *par ma faute, par ma propre faute, par ma très-grande faute;* c'est pourquoi je prie la Bienheureuse Vierge Marie, Saint Michel Archange, Saint Jean-Baptiste, Saint Pierre et Saint Paul, et tous les Saints, et vous, mon Père, de prier pour moi notre Seigneur Jésus-Christ.

Que le Seigneur tout-puissant et tout miséricordieux nous accorde le pardon, l'absolution et la rémission de tous nos péchés.

Prière au Saint Ange Gardien.

Mon charitable Ange Gardien, je me recommande à vous; guidez mes pas, mes pensées, mes paroles et mes actions, afin que je ne puisse m'écarter de la voie de mon salut.

Les Litanies de la Sainte Vierge Marie.

Seigneur, ayez pitié de nous.
Jésus-Christ, ayez pitié de nous
Jésus-Christ, écoutez-nous.
Jésus-Christ, exaucez-nous.

Dieu, le Père des Cieux, ayez pitié de nous.

Dieu le Fils, Rédempteur du monde, ayez pitié de nous.

Dieu le Saint-Esprit, ayez pitié de nous.

Sainte Trinité qui êtes un seul Dieu, ayez pitié de nous.

Sainte Marie, priez pour nous.

Sainte Mère de Dieu,
Sainte Vierge des Vierges,
Mère de Jésus-Christ,
Mère de la divine grâce,
Mère très-pure,
Mère très-chaste,
Mère sans tache,
Mère sans corruption,
Mère aimable,
Mère du Créateur,
Mère du Sauveur,
Vierge très-prudente,
Vierge digne de révérence,
Vierge célèbre, } priez pour nous.

Vierge puissante,
Vierge clémente,
Vierge fidèle,
Miroir de justice,
Siége de Sagesse,
Cause de notre joie,
Vaisseau spirituel,
Vaisseau honorable,
Vaisseau insigne de la dévotion
Rose mystique,
Tour de David,
Tour d'ivoire,
Maison dorée,
Arche d'alliance,
Porte du Ciel,
Etoile du matin,
Santé des infirmes,
Refuge des pécheurs,
Consolatrice des affligés,
Secours des chrétiens,
Reine des Anges,
Reine des Patriarches,
Reine des Prophètes.

} priez pour nous.

Reine des Apôtres,
Reine des Martyrs,
Reine des Confesseurs,
Reine des Vierges,
Reine de tous les Saints,
Sainte Marie libératrice, } priez pour nous

Agneau de Dieu, qui effacez les péchés du monde, pardonnez-nous, Seigneur.

Agneau de Dieu, qui effacez les péchés du monde, ayez pitié de nous, Seigneur.

Agneau de Dieu, qui effacez les péchés du monde, ayez pitié de nous, Seigneur.

℣. Sainte Mère de Dieu, priez pour nous.

℟. Afin que nous devenions dignes des promesses de Jésus-Christ.

Oraison.

Seigneur, nous vous supplions de répandre votre grâce dans nos ames; accordez-nous l'intercession de la Sainte Vierge Marie, dont nous célébrons la mémoire avec joie, de pouvoir participer à la vie éternelle.

Ainsi soit-il.

Le matin, à midi et le soir, lorsqu'on sonne trois coups de cloche, il faut dire :

L'Ange du Seigneur a annoncé à Marie, qu'elle serait la Mère du Sauveur, et elle a conçu par l'opération du Saint-Esprit.

Je vous salue, Marie, etc.

Voici la Servante du Seigneur : qu'il me soit fait selon votre parole.

Je vous salue, Marie, etc.

Et le Verbe a été fait chair, et il a habité parmi nous.

Je vous salue, Marie, etc.

ORAISON.

Répandez, s'il vous plaît, Seigneur, votre grâce dans nos ames, afin qu'ayant connu, par la voix de l'Ange, l'Incarnation

de Jésus-Christ votre Fils, nou[s]
arrivions, par sa Passion et par s[a]
Croix, à la gloire de sa Résurrection, par le même Jésus-Chris[t]
Notre Seigneur. Ainsi soit-il.

Les dix Commandemens de Dieu

1. Un seul Dieu tu adoreras
   Et aimeras parfaitement.
2. Dieu en vain tu ne jureras,
   Ni autre chose pareillement.
3. Les Dimanches tu garderas,
   En servant Dieu dévotement.
4. Tes père et mère honoreras,
   Afin de vivre longuement.
5. Homicide point ne seras,
   De fait ni volontairement.
6. Luxurieux point ne seras,
   De corps ni de consentement.
7. Le bien d'autrui tu ne prendras
   Ni retiendras à ton escient.
8. Faux témoignage ne diras,
   Ni mentiras aucunement.
9. L'œuvre de chair ne désireras,
   Qu'en mariage seulement.

10. Biens d'autrui ne convoiteras,
   Pour les avoir injustement.

Les Commandemens de la Sainte Eglise.

1. Les fêtes tu sanctifieras,
   Qui te sont de commandement.
2. Les Dimanches messe ouïras,
   Et les fêtes pareillement.
3. Tous tes péchés confesseras
   A tout le moins une fois l'an.
4. Ton Créateur tu recevras,
   Au moins à Pâques humblement.
5. Quatre-temps, vigiles, jeûneras,
   Et le Carême entièrement.
6. Vendredi chair ne mangeras,
   Ni le Samedi mêmement.

Prière avant la lecture.

Je vous adore, Vérité éternelle; donnez-moi la sagesse pour comprendre ce que vous m'enseignez, la docilité pour m'y soumettre, et la force de l'accomplir.

Après la lecture.

Faites-moi la grâce, ô mon Dieu

d'aimer les vérités que vous venez de m'apprendre, et de pratiquer ce que vous me commandez.

Prière avant le travail.

Seigneur mon Dieu, je vous offre mon travail en esprit de pénitence, et je l'unis à celui de Jésus-Chrtit mon Sauveur; répandez-y vos bénédictions. Ainsi soit-il.

Après le travail.

Soyez béni, ô mon Dieu! des grâces dont vous m'avez comblé pendant mon travail, et pardonnez-moi, Seigneur, les fautes que j'y ai commises. Ainsi soit-il.

Prière avant le repas.

Bénissez-nous, Seigneur, et ce que vous nous donnez pour la nourriture de notre corps; faites-nous la grâce d'en user sobrement. † Au nom du Père, et du Fils, et du Saint-Esprit. Ainsi soit-il.

Après le repas.

Nous vous remercions, mon Dieu ! de ce qu'il vous a plû nous donner pour la nourriture de nos corps ; conservez votre grâce dans nos ames, afin que nous puissions vous voir, vous louer et vous aimer pendant toute l'éternité.

Que les ames des Fidèles reposent en paix par la miséricorde de Dieu. Ainsi soit-il.

Prière à Saint Joseph.

Saint Joseph, qui êtes ce serviteur fidèle à qui Dieu a confié le soin de la plus sainte Famille qui fut jamais ; soyez le protecteur de la nôtre : obtenez-nous la grâce de vivre et de mourir dans l'amour de Jésus et de Marie. Ainsi soit-il.

Prière pour les Fidèles trépassés.

Du fond de l'abyme, Seigneur, je pousse des cris vers vous, Seigneur, écoutez ma voix.

Prêtez une oreille attentive à la voix de ma prière.

Si vous tenez, ô mon Dieu! un compte exact des iniquités, qui pourra soutenir vos jugemens?

Mais vous êtes plein de miséricorde, et j'espère en vous, Seigneur, à cause des promesses que contient votre Loi.

Ce sont ces promesses dont mon ame attend l'effet; mon ame a mis sa confiance au Seigneur.

Qu'Israël donc ne se lasse point d'espérer, depuis l'aurore jusqu'à la nuit;

Car Dieu est plein de miséricorde, et la rédemption qu'il nous prépare, est abondante.

C'est lui qui rachetera Israël de toutes ses iniquités.

Donnez-leur, Seigneur, le repos éternel; et que la lumière perpétuelle les éclaire.

Que les ames des Fidèles trépassés reposent en paix. Ainsi soit-il.

Oraison.

O Dieu! qui êtes le Créateur et le Rédempteur de tous vos Fidèles; accordez aux ames de vos serviteurs et de vos servantes, la rémission de tous leurs péchés, afin qu'elles obtiennent, par les très-humbles prières de votre Eglise, le pardon qu'elles ont toujours souhaité. Ainsi soit-il.

Prière avant le sommeil.

Mon Dieu, je vous offre mon sommeil; faites-moi la grâce de ne point vous offenser pendant cette nuit, et de ne pas mourir dans le péché.

Méthodes pour connaître les chiffres Arabes.

Il y a neuf figures dans l'Arithmétique, les voici: 1, 2, 3, 4, 5, 6,

7, 8, 9. On y ajoute encore un o, appelé *zéro*, qui étant mis après les autres, les augmente de dix, comme : 10, 20, 30, 40, 50, 60, 70, 80, 90, 100, 1000, 10000, etc.

Lettres accentuées.

Accents graves : à, è, ì, ò, ù.
Aigus : á, é, í, ó, ú.
Circonflexes : â, ê, î, ô, û.
Trémas : ä, ë, ï, ö, ü.

De la Ponctuation.

Le point seul. La virgule, point-virgule ; deux points : point interrogant ? point admiratif ! division-apostrophe' parenthèses ().

La manière de servir et de répondre à la Sainte Messe.

Le Clerc ou celui qui répond à la Messe, après avoir posé le Missel sur l'Autel, au côté de l'Epître, se met à genoux au bas des degrés de l'Autel, au côté de l'Evangile, et répond au Prêtre comme ci-après.

Le Prêtre. Introibo ad altare Dei.
Le Clerc. Ad Deum qui lætificat juventutem meam.

Le Pr. Judica me, Deus, et discerne: a. et doloso erue me.

Le Cl. Quia tu es, Deus, fortitudo mea: quare me repulisti, et quare tristis incedo dum affligit me inimicus.

Le Pr. Emitte lucem tuam... et in tabernacula tua.

Le Cl. Et introibo ad altare Dei, ad Deum qui lætificat juventutem meam.

Le Pr. Confitebor tibi in cithará... et quare conturbas me.

Le Cl. Spera in Deo, quoniam adhuc confitebor illi, salutare vultus mei, et Deus meus.

Le Pr. Gloria Patri, et Filio et Spiritui Sancto.

Le Cl. Sicut erat in principio, et nunc et semper, et in sæcula sæculorum. Amen.

Le Pr. Introibo ad altare Dei.

Le Cl. Ad Deum lætificat juventutem meam.

Le Pr. Adjutorium nostrum in nomine Domini.

Le Cl. Qui fecit cœlum et terram.

Le Pr. Confiteor, etc.

Le Cl. Misereatur tui omnipotens Deus, et dimissis peccatis tuis, perducat te ad vitam æternam

Le Pr. Amen.

Le Cl. Confiteor Deo omnipotenti, beatæ Mariæ semper Virgini, beato Michaeli Archangelo, beato Joanni Baptistæ, sanctis Apostolis Petro et Paulo, omnibus Sanctis, et tibi, Pater, quia peccavi nimis, cogitatione, verbo et opere, meâ culpâ, meâ culpâ, meâ maximâ culpâ. Ideo precor beatam Mariam semper Virginem, beatum Michaelem Archangelum, beatum Joannem Baptistam, sanctos Apostolos Petrum et Paulum, omnes Sanctos, et te, Pater, orare pro me ad Dominum Deum nostrum.

Le Pr. Misereatur vestri omnipotens Deus, et dimissis peccatis vestris, perducat vos ad vitam æternam.

Le Cl. Amen.

Le Pr. Indulgentiam, absolutionem et remistionem à peccatorum nostrorum tribuat nobis omnipotens et misericors Dominus.

Le Cl. Amen.

Le Pr. Deus, tu conversus vivificabis nos.

Le Cl. Et plebs tua lætabitur in te.

Le Pr. Ostende nobis, Domine, misericordiam tuam.

Le Cl. Et salutare tuum da nobis.

Le Pr. Domine exaudi orationem meam.

Le Cl. Et clamor meus ad te veniat.

Le Pr. Dominus vobiscum.

Le Cl. Et cum spiritu tuo.

Le Pr. Kyrie eleison.   *Le Cl.* Kyrie eleison.
Le Pr. Kyrie eleison.   *Le Cl.* Christe eleison.
Le Pr. Christe eleison. *Le Cl.* Christe eleison.
Le Pr. Kyrie eleison.   *Le Cl.* Kyrie eleison.
Le Pr. Kyrie eleison.

Avant la Collecte, le Prêtre dit : Dominus vobiscum.

Le Cl. Et cum spiritu tuo.

A la fin des Collectes, après que le Prêtre a dit Per omnia sæcula sæculorum, *le Clerc répond* Amen.

Ensuite il va prendre le Missel et le porte au côté de l'Evangile, tandis que le Prêtre est incliné, se souvenant de faire toujours une profonde révérence à l'Autel, toutes les fois qu'il passe ou repasse devant le milieu.

Après avoir posé le Missel sur le coin de l'Autel il reste debout à côté du Prêtre, qui dit : Dominus vobiscum.

Le Cl. Et cum spiritu tuo.

Le Pr. Sequentia sancti Evangelii, etc.

Le Cl. Gloria tibi, Domine.

Après quoi le Clerc se place au bas de l'Autel du côté de l'Epître, et demeure debout jusqu'à la fin de l'Evangile, où il répond : Laus tibi, Christe.

Le Pr. Dominus vobiscum.

Le Cl. Et cum spiritu tuo.

Tandis que le Prêtre dit l'Offertoire, le Clerc prend les burettes et étant au coin de l'Epître, il lui présente avec respect, premièrement le vin, ensuite l'eau; après quoi ayant remis la burette de vin à sa place, il revient, portant de la main droite la burette d'eau seule, et le bassin de la gauche, et verse de l'eau sur le bout des doigts du Prêtre; puis ayant replacé les burettes et le bassin sur la crédence, il se met à genoux au bas de l'Autel, du côté de l'Epître.

Le Pr. Orate fratres.

Le Cl. Suscipiat Dominus hoc sacrificium de manibus tuis, ad laudem et gloriam nominis sui, ad utilitatem quoque nostram, totiusque Ecclesiæ suæ sanctæ.

Le Pr. Per omnia sæcula sæculorum.

Le Cl. Amen.

Le Pr. Dominus vobiscum.

Le Cl. Et cum spiritu tuo.

Le Pr. Sursùm corda.

Le Cl. Habemus ad Dominum.

Le Pr. Gratias agamus Domino Deo nostro.

Le Clerc. Dignum et justum est.

Quand le Prêtre dit: Sanctus, Sanctus, *etc. le Clerc sonne trois ou quatre coups de clochette.*

Lorsque le Prêtre élève la sainte Hostie et la montre aux assistans, le Clerc élève le bas de la chasuble et sonne quelque coups de la cloche. Il fait la même chose à l'élévation du Calice.

Le Pr. Per omnia sæcula sæculorum.

Le Cl. Amen.

Le Pr. Et ne nos inducas in tentationem.

Le Cl. Sed libera nos à malo.

Le Pr. Per omnia sæcula sæculorum.

Le Cl. Amen.

Le Pr. Pax Domini sit semper vobiscum.

Le Cl. Et cum spiritu tuo.

(23)

Après que le Prêtre a communié, le Clerc prend la burette de vin, et en verse dans le Calice pour la première ablution; puis il prend la burette d'eau, il verse du vin sur les doigts du Prêtre, et ensuite de l'eau, et ayant replacé les burettes, il reporte le Missel sur le coin de l'Epître.

Après la Communion, le Prêtre dit : Dominus vobiscum.

Le Cl. Et cum spiritu tuo.

Après les Oraisons, le Prêtre dit : Per omnia sæcula sæculorum.

Le Cl. Amen.

Le Pr. Dominus vobiscum.

Le Cl. Et cum spiritu tuo.

Le Pr. Ite missa est, ou Benedicamus Domino.

Le Cl. Deo gratias.

Aux Messes des morts, le Prêtre dit : Requiescant in pace.

Le Cl. Amen.

Si le Prêtre a laissé le Missel ouvert, le Clerc le reportera sur le coin de l'Autel du côté de l'Evangile, et se mettra à genoux pour la Bénédiction.

Le Pr. Benedicat vos omnipotens Deus, Pater, et Filius et Spiritus Sanctus.

Le Cl. Amen.

Le Pr. Dominus vobiscum.

Le Cl. Et cum spiritu tuo.

Le Pr. Initium, ou sequentia sancti Evangelii secundum N.

Le Cl. Gloria tibi Domine.

A la fin du dernier Evangile, le Clerc répond : Deo gratias.

FIN.

NOTRE-DAME DES HERMITES priez pour nous.

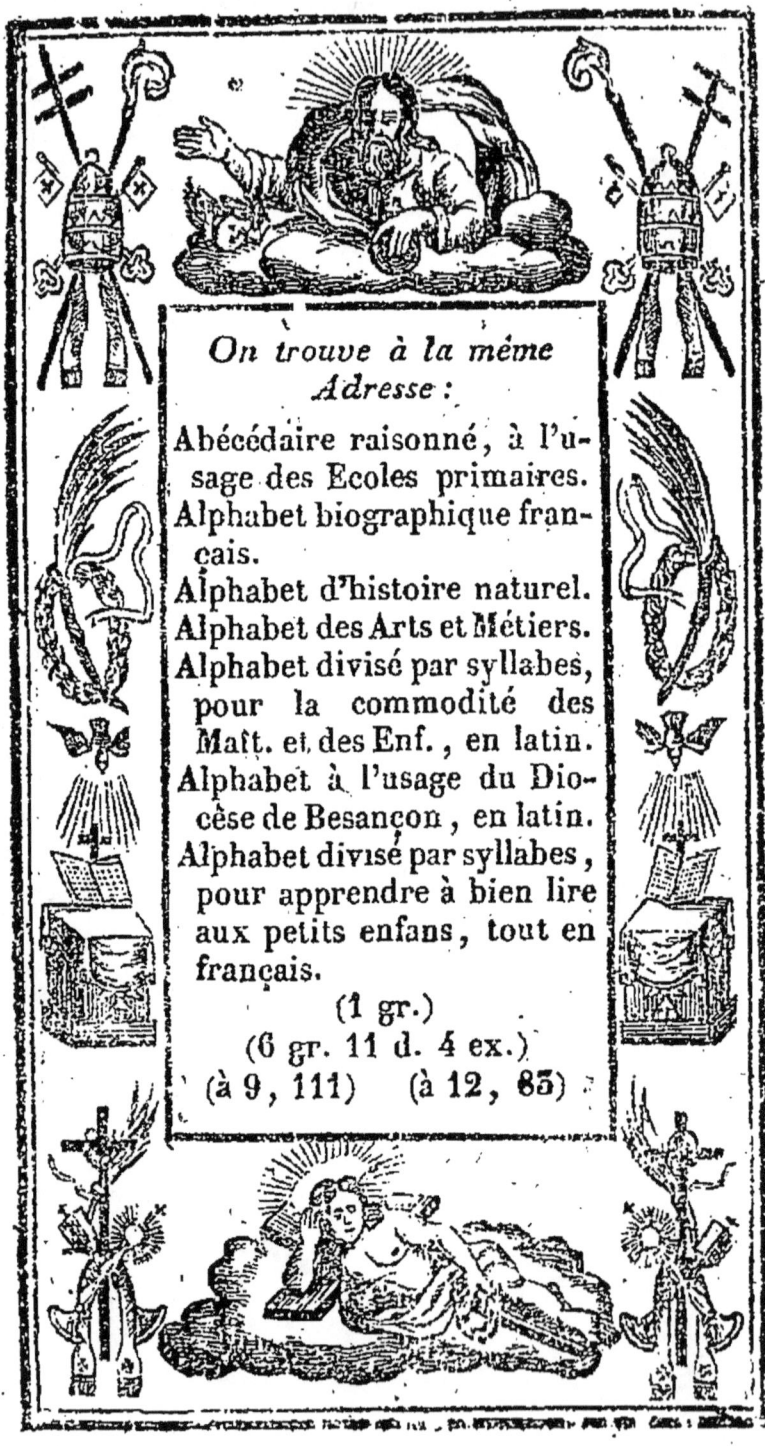

On trouve à la même Adresse :

Abécédaire raisonné, à l'usage des Ecoles primaires.
Alphabet biographique français.
Alphabet d'histoire naturel.
Alphabet des Arts et Métiers.
Alphabet divisé par syllabes, pour la commodité des Maît. et des Enf., en latin.
Alphabet à l'usage du Diocèse de Besançon, en latin.
Alphabet divisé par syllabes, pour apprendre à bien lire aux petits enfans, tout en français.

(1 gr.)
(6 gr. 11 d. 4 ex.)
(à 9, 111)   (à 12, 83)

www.ingramcontent.com/pod-product-compliance
Lightning Source LLC
Chambersburg PA
CBHW060918050426
42453CB00010B/1801